So fängt der Tag gut an: mit herrlich duftendem Kaffee und knusprig frischen Brötchen. Da darf die selbst gemachte Marmelade auf dem Frühstückstisch natürlich nicht fehlen. Mögen Sie am liebsten Erdbeermarmelade, oder bevorzugen Sie Kirschkonfitüre, oder eher Campari-Orangen-Gelee?
In diesem Buch habe ich für Sie die Rezepte meiner Lieblingsmarmeladen und -konfitüren zusammengestellt – eine bunte Vielfalt quer durch den heimischen Obstgarten. Auch exotische Früchte wie Kiwi, Ananas, Maracuja oder Mango lassen sich sehr gut zu köstlichen Konfitüre-Kreationen verarbeiten.

Vorwort

Hier finden Sie Rezepte ganz ohne künstliche Gelierhilfen: So haben schon unsere Großmütter Marmeladen gekocht. Es sind aber auch Rezepte für klassische Konfitüren dabei, die mit Gelierzucker gekocht werden. Auch brauner Zucker und Honig sind Zutaten für köstliche Brotaufstriche. Probieren Sie die hier vorgestellten Rezepte für Konfitüren, Marmeladen und Gelees aus, und entdecken Sie Ihren neuen Lieblingsbrotaufstrich. Mit den praktischen Tipps und Tricks für Einsteiger und Kenner im Informationsteil gelingt es Ihnen ganz sicher.

Ich wünsche Ihnen viel Spaß beim Ausprobieren dieser frischen, fruchtigen und leckeren Rezeptideen.

Beate Hauling

Feigenkonfitüre S. 26

Rhabarber-Grapefruit-Konfitüre S. 76

LECKERE Marmeladen-Rezepte

MARMELADE, KONFITÜRE ODER GELEE?

Nur wenn Sie Ihre selbst hergestellten Brotaufstriche zum Kauf anbieten möchten, müssen Sie sich an die gesetzlichen Bestimmungen für die Begrifflichkeiten halten. Für den privaten Gebrauch ist die Hauptsache, dass die Rezepte gelingen und Ihnen und Ihrer Familie gut schmecken. Deshalb werden in dieser Rezeptsammlung auch die umgangssprachlichen Bezeichnungen verwendet. Traditionell versteht man unter ***Marmelade*** einen Brotaufstrich, der aus sehr klein geschnittenen oder pürierten Früchten, Zucker und Zitronensaft gekocht wird. Mit ***Konfitüre*** bezeichnet man einen Brotaufstrich, der neben Zucker und Zitronensaft ganze Früchte oder Fruchtstücke enthält. ***Gelee*** wird dagegen nur aus Fruchtsaft, Zitronensaft und Zucker hergestellt.

FRÜCHTE UND JAHRESZEITEN

Am besten schmecken die Früchte während der Saison – wenn sie frisch vor Ort geerntet wurden und keine langen Transporte überstehen mussten. Ob aus dem eigenen Garten, vom Super- oder Wochenmarkt: Wichtig ist einwandfreie Qualität. Für einen köstlichen, hochwertigen Brotaufstrich verwenden Sie nur reife, makellose Früchte, keinesfalls überreifes oder gar angefaultes Obst. Auch TK-Früchte eignen sich sehr gut zur Konfitüren- bzw. Marmeladenherstellung. So müssen Sie das Obst nicht direkt in der Erntezeit verarbeiten. Sie können es stattdessen entsprechend vorbereiten (z. B. waschen, ggf. entsteinen usw.) und portionsweise ungezuckert einfrieren, um es später dann nach Lust und Laune weiterzuverarbeiten. So lassen sich auch Obstsorten kombinieren, die nicht zur selben Zeit reif sind, wie z. B. Feigen und Rhabarber.

ZUCKERSORTEN UND HALTBARKEIT

Welche der verschiedenen Gelierzuckersorten Sie verwenden, ist hauptsächlich eine Frage des Geschmacks: Soll die Konfitüre sehr süß oder in erster Linie fruchtig schmecken? Grundsätzlich können Sie jedes Marmeladenrezept mit der bevorzugten Zuckersorte kochen und das Rezept entsprechend abwandeln.

Gelierzucker 1:1 macht die Marmeladen klassisch süß. 1:1 bedeutet, dass der Fruchtanteil genauso hoch ist wie der Zuckeranteil, z. B. 1 000 g Kirschen zu 1 000 g Zucker.

Gelierzucker 2:1 macht die Konfitüre fruchtiger und weniger süß. 2:1 bedeutet, dass der Fruchtanteil doppelt so hoch ist wie der Zuckeranteil, z. B. 1 000 g Erdbeeren zu 500 g Zucker.

Beim ***Gelierzucker 3:1*** ist der Fruchtanteil dementsprechend dreimal so hoch wie der Zuckeranteil. Dadurch wird die Konfitüre bzw. Marmelade sehr fruchtig und nicht so süß, z. B. 900 g Rhabarber zu 300 g Zucker.

Normaler feiner Raffinadezucker ist für die Marmeladenherstellung ebenso geeignet. Allerdings erhöht sich dann die Kochzeit, wenn man kein zusätzliches Gelierpulver verwenden will. ***Haltbar*** sind die Brotaufstriche im luftdicht verschlossenen Glas in der Regel ***mindestens 1 Jahr***. Allerdings kann bei längerer Lagerung, vor allem bei 2:1- und 3:1-Gelierzucker, die Farbe mit der Zeit verblassen. Das liegt am geringeren Zuckergehalt, minimiert aber nicht die Haltbarkeit.

Den Gelierzuckern 2:1 und 3:1 sind zusätzlich Konservierungsmittel zugesetzt, um eine ebenso lange Haltbarkeit zu erreichen wie mit höherem Zuckeranteil. Angebrochene Konfitüren sollten Sie im Kühlschrank aufbewahren und innerhalb von 3 bis 4 Wochen verbrauchen.
Für ***kalt gerührte Konfitüren*** bietet der Handel ebenfalls spezielle Gelierzucker an, die nach nur einer Minute Pürieren schon eine fertige Konfitüre zaubern. Diese Konfitüren sind nur wenige Wochen haltbar, darum sollte man nur kleine Mengen (2 Gläser) frisch zubereiten und sie im Kühlschrank aufbewahren.

PEKTIN, ZITRONENSAFT UND GELIERHILFEN

Damit aus Früchten und Zucker Marmelade oder Konfitüre werden kann, muss die Frucht-Zucker-Mischung beim Kochen ***gelieren***. Dafür braucht man Pektin. Fast alle Früchte enthalten eigenes ***Pektin***. Früchte mit hohem Pektingehalt sind beispielsweise Äpfel, Johannisbeeren, Heidelbeeren, Preiselbeeren, Quitten, Stachelbeeren und Zitrusfrüchte. Früchte mit mittlerem Pektingehalt sind z. B. Aprikosen, Himbeeren, Mirabellen, Pfirsiche und Pflaumen. Wenig Pektin ist u. a. in Ananas, Bananen, Erdbeeren, Kirschen und Rhabarber enthalten. Dem handelsüblichen Gelierzucker sind ebenfalls Pektine zugesetzt. Zitronensaft unterstützt bei niedrigem Pektingehalt der Früchte ebenfalls die Gelierung. Die Säure hilft, die Farbe der Konfitüre länger appetitlich frisch zu erhalten und betont den Eigengeschmack der Früchte. Wenn Sie Raffinadezucker zur Marmeladenherstellung verwenden, können Sie zusätzliche Gelierhilfen (als Pulver in 25-g-Tütchen erhältlich) zufügen, um die Kochzeit zu verkürzen.

TÖPFE, GLÄSER & CO.

Für die Marmeladenherstellung brauchen Sie einen großen, hohen ***Topf*** aus Edelstahl, Emaille oder beschichtetem Gusseisen. Weil die Marmelade beim Kochen hochsteigt und schäumt, darf der große, hohe Topf außerdem nur bis zur Hälfte befüllt werden. Vermeiden

Sie ein Überkochen der Marmelade: Das ist eine klebrige Angelegenheit und kann Ihnen die Lust aufs Marmeladenkochen ein für allemal verderben. Speziell zur Marmeladenherstellung gibt es auch aus Kupfer gefertigte Töpfe zu kaufen. Die sind aber nicht ganz billig und lohnen sich nur, wenn Sie sehr häufig Marmelade kochen. Aluminiumtöpfe eignen sich aber nicht. Sie reagieren mit der Säure und beeinflussen den Geschmack der Konfitüre negativ. Eine genaue ***Waage***, eine ***Zitruspresse***, einen ***Zestenreißer***, ein ***Sieb*** und ein ***Mulltuch*** (z. B. eine Stoffwindel) zum Abseihen und Passieren der Fruchtmischung gehören ebenfalls zur nötigen Ausstattung. Zum Umrühren brauchen Sie einen langen ***Holzlöffel***, zum Zerkleinern der Früchte einen ***Kartoffelstampfer*** und einen ***Pürierstab***. Zum sauberen Befüllen der Gläser einen speziellen ***Trichter*** mit einer weiten Öffnung, ***Gläser*** mit intakten Schraubverschlüssen, sogenannten ***Twist-off-Deckeln***, eine ***Schöpfkelle*** und einen ***Schaumlöffel*** zum Abschäumen. Fürs Beschriften brauchen Sie ***Etiketten***. Darauf sollten Sie die Sorte und das Herstellungsdatum vermerken. Wählen Sie außerdem nicht zu große Gläser: So sorgen Sie für Vielfalt und Abwechslung auf dem Frühstückstisch, ohne zu viele große angebrochene Marmeladengläser im Kühlschrank horten zu müssen.

Schritt-für-Schritt-Anleitung:

SO WIRD'S GEMACHT

Wenn Sie einige Grundregeln beherzigen, ist das Marmeladenkochen ganz einfach. Gehen Sie folgendermaßen vor:

Schritt 1: Die Früchte waschen, klein schneiden und erst dann wiegen. Halten Sie sich unbedingt exakt an die in den Rezepten genannten Mengenangaben, damit das jeweilige Frucht-Zucker-Verhältnis stimmig ist. Dann die Früchte, Gelierzucker, Zitronensaft und die jeweiligen anderen Zutaten in einen Topf geben, umrühren und das Ganze einige Stunden, am besten über Nacht, zugedeckt stehen lassen, damit sich Saft bilden kann.

Schritt 2: Am nächsten Tag die Masse unter Rühren mit einem langen Koch-

löffel aufkochen. Das kann eine Weile dauern. Wenn es dann stark sprudelt und hochkocht, beginnt die eigentliche Kochzeit von meistens 4 Minuten. (Die Kochzeit hängt auch davon ab, welchen Zucker Sie verwenden. Hier gibt Ihnen die Packungsbeilage die nötige Information). Während der eigentlichen Kochzeit ständig weiterrühren. Achten Sie darauf, dass Sie keine heißen Spritzer abbekommen!

Schritt 3: Nach 3–4 Minuten die Gelierprobe machen. Dazu einige Tropfen Marmelade vom Holzlöffel auf eine kühle Unterlage (z. B. kleiner Teller) geben und kurz abwarten: Wenn die Tropfen gelieren, ist die Marmelade fertig, und der Topf kann von der Kochstelle gezogen werden. Wenn nicht, die Marmelade noch für eine kurze Zeit weiterkochen und die Gelierprobe wiederholen. Mit zunehmender Erfahrung werden Sie das Ende der Kochzeit auch ohne Gelierprobe erkennen: Die Marmelade steigt im Topf nicht mehr so hoch und schäumt nicht mehr.

Schritt 4: Falls die Marmelade während des Kochens zu sehr hochschäumt, den Schaum einfach mit einem Schaumlöffel abschöpfen. Meistens ist das aber nicht nötig, weil der Schaum am Ende der Kochzeit wieder sinkt und sich in der Marmelade auflöst.

Schritt 5: Jetzt evtl. – je nach Rezept – noch etwas Alkohol zufügen, nochmals umrühren und die Marmelade mithilfe von Schöpfkelle und Trichter in die Gläser füllen. Wichtig: Stellen Sie die Gläser auf einem nassen Tuch bereit, damit sie nicht zerspringen, wenn die heiße Marmelade eingefüllt wird. Die Gläser müssen unbedingt sauber und heiß ausgespült sein, um ein späteres Schimmeln der Marmelade im Glas zu vermeiden. Damit auch die Deckel steril sind: vorher in kochend heißes Wasser legen.

Schritt 6: Wenn die Glasränder beim Befüllen ein paar Kleckser abbekommen haben, mit einem sauberen Tuch sorgfältig sauber wischen. Dann die Gläser sofort fest verschließen und für 5 Minuten auf den Deckel stellen. Dadurch entsteht im Glas ein Vakuum, das die Haltbarkeit verbessert. Wenn sich in der Konfitüre größere Frucht-

stücke befinden, sollten Sie die Gläser – während die Konfitüre abkühlt – mehrmals umdrehen. So verteilen sich die Fruchtstücke gleichmäßiger im Glas.
Schritt 7: Die Gläser mit Etiketten versehen. Vermerken Sie neben der Marmeladensorte auch das Einfülldatum. Bewahren Sie die Marmeladengläser an einem kühlen, dunklen Ort auf, z. B. Keller oder Vorratskammer. Angebrochene Gläser sind am besten im Kühlschrank aufgehoben.

Wenn etwas schiefgeht …

MÖGLICHE „RETTUNGSAKTIONEN"

Die Marmelade geliert nicht. Bleibt die Marmelade auch nach mehreren Stunden flüssig, wurde sie entweder nicht lange genug gekocht, oder die Früchte waren zu reif und enthalten zu wenig Pektin und Säure. Vielleicht handelt es sich auch um einen Wiegefehler, und es fehlt Zucker. Kochen Sie die Marmelade erneut auf, und geben Sie mehr Zucker und evtl. noch Zitronensaft hinzu.
Die Marmelade ist zu fest. Auch hier liegt möglicherweise ein Wiegefehler vor. Die Marmelade enthält zu viel Zucker oder wurde zu lange gekocht. Vielleicht waren die verwendeten Früchte nicht reif genug und zu säurehaltig. Entweder Sie genießen die Marmelade, so wie sie ist, oder Sie rühren vor dem Verzehr etwas Saft unter und geben die Marmelade in ein Schälchen. Sie können sie auch noch einmal mit etwas Orangensaft aufkochen. Hier ist aber Vorsicht geboten: Wenn man Marmelade erneut aufkocht, kann es leicht passieren, dass sie sich verändert und plötzlich die Konsistenz von Honig annimmt. Dann ist sie nicht mehr genießbar.
Die Marmelade hat einen Schimmelfilm auf der Oberfläche. Für Schimmelbildung kann es mehrere Gründe geben: Das verwendete Obst hatte nicht die erforderliche Qualität. Die Gläser waren nicht sauber. Der Schraubdeckel war nicht mehr in Ordnung. Bei Schimmelbildung die Marmelade bitte unbedingt entsorgen. Denn selbst wenn man die obere Schicht mit dem Schimmelbelag entfernt: Schimmelsporen breiten sich im ganzen Glas aus.

Ananas-Grapefruit-Konfitüre

ZUTATEN *(für ca. 6 Gläser à 220 ml Inhalt)*
1 frische Ananas (600 g Fruchtfleisch)
2–3 (400 g) rote Grapefruits (unbehandelt)
1 000 g Gelierzucker tropic 1:1 oder 500 g Gelierzucker 2:1 (weniger süß)
4 cl Orangenlikör (nach Belieben)

Ananas-Grapefruit-Konfitüre

ZUBEREITUNG

DAS ANANAS-FRUCHTFLEISCH in kleine Stücke schneiden und abwiegen. Dann eine Grapefruit heiß abwaschen und trocken reiben. Die Schale mit einem Zestenreißer in sehr feinen Streifen abziehen. Die Grapefruits auspressen und den Saft mit dem beim Auspressen anfallenden Fruchtfleisch auf 400 ml abmessen. Davon die Hälfte in einen Topf geben, die Grapefruitzesten zugeben und 10 Minuten darin weich kochen.

DANN DIE ANANAS pürieren, mit dem restlichen Grapefruitsaft samt Fruchtfleisch und dem Gelierzucker in den Topf geben und mindestens 4 Stunden ziehen lassen. Aufkochen und unter ständigem Rühren 4 Minuten sprudelnd kochen lassen. Die Gelierprobe machen. Den Topf von der Kochstelle ziehen. Den Orangenlikör zufügen, umrühren. Die sauberen, heiß ausgespülten Gläser randvoll mit der noch heißen Konfitüre befüllen. Dann fest verschließen und 5 Minuten auf den Deckel stellen.

INFO: *Natürlich können Sie jede Konfitüre bzw. Marmelade auch ohne Alkohol herstellen. Alkohol fördert die Gelierung und verfeinert das Aroma. Er wird ganz zum Schluss, nachdem man den Topf von der Kochstelle gezogen hat, in geringen Mengen untergerührt. Anders verhält es sich bei Rezepten, die einen höheren Alkoholanteil haben, der von Anfang an mitgekocht wird, wie z. B. bei der Kirsch-Konfitüre mit Rotwein von Seite 54. Aber auch hier kann man das Rezept abwandeln und statt Rotwein z. B. Traubensaft verwenden.*

ZUTATEN *(für ca. 6 Gläser à 220 ml Inhalt)*
1 200 g Aprikosen, (passiert 840 g)
Saft von 1 Limette
1 000 g Gelierzucker tropic 1:1 oder
500 g Gelierzucker 2:1
320 ml Pfirsichlikör (18 % Alkohol)

Aprikosen-marmelade

ZUBEREITUNG
DIE APRIKOSEN kurz in kochendes Wasser legen, dann kalt abschrecken, häuten, klein schneiden und dabei entkernen. In einem großen Topf das Aprikosen-Fruchtfleisch anschließend in dem Limettensaft weich kochen und durch ein Sieb passieren. 840 g abwiegen. Zusammen mit Zucker und Likör wieder in einen großen, hohen Topf geben und 4 Stunden ziehen lassen. Dann aufkochen und unter ständigem Rühren 4 Minuten sprudelnd kochen lassen.

DIE HEISSE MARMELADE randvoll in die sauberen, heiß ausgespülten Gläser füllen. Diese fest verschließen und 5 Minuten auf den Deckel stellen.

Aprikosenmarmelade

Bratapfelkonfitüre

INFO: *Wegen der Zugabe von Gewürzen und Mandeln bzw. Nüssen verkürzt sich die Haltbarkeit der Konfitüre auf ca. 6 Monate!*

ZUTATEN *(für ca. 4 Gläser à 220 ml Inhalt)*
1 400 g säuerliche Äpfel (z. B. Elstar oder Boskop)
Saft von 2 Zitronen
500 g Gelierzucker 2:1
50 g Rosinen
100 ml Rum
50 g gehackte Mandeln oder Haselnüsse
2 Zimtstangen, 1 Vanilleschote
2 cl Mandellikör (nach Belieben)

Bratapfelkonfitüre

ZUBEREITUNG

DIE ÄPFEL schälen, in Streifen raspeln und 1 000 g abwiegen. In eine Schüssel geben und mit Zitronensaft beträufeln. Mit dem Gelierzucker vermengen und 4 Stunden ziehen lassen. Die Rosinen im Rum einweichen und ebenfalls einige Zeit ziehen lassen. Dann die Äpfel in einem großen, hohen Topf erhitzen. Die Rosinen mit dem Rum, den Zimtstangen und der Vanilleschote zugeben und aufkochen. Unter ständigem Rühren 3 Minuten sprudelnd kochen lassen. Dann die Mandeln hinzufügen und noch 1 Minute weiterrühren. Die Gelierprobe machen. Wenn die Masse noch nicht genügend geliert ist, noch etwas länger kochen lassen. Dann die Zimtstangen und die Vanilleschote entfernen.

DEN TOPF von der Herdplatte ziehen. Nach Belieben den Mandellikör unterrühren und die Konfitüre randvoll in die sauberen, heiß ausgespülten Gläser füllen. Diese sofort fest verschließen.

TIPP: *Probieren Sie diese weihnachtliche Konfitüre auf einem Pfannkuchen. Den Pfannkuchen mit Konfitüre bestreichen, zusammenrollen und mit Puderzucker bestreuen: Das schmeckt einfach köstlich.*

ZUTATEN *(für ca. 6 Gläser à 220 ml Inhalt)*
1 unbehandelte Orange
800 ml Orangensaft
100 g Zucker
900 g Gelierzucker tropic 1:1
100 ml Zitronensaft
100 ml Campari

Campari-Orangen-Gelee

ZUBEREITUNG

DIE ORANGE heiß abwaschen, trocken reiben und in 5 mm dünne Scheiben schneiden. 200 ml Orangensaft mit dem Zucker aufkochen und die Orangenscheiben darin köcheln lassen, bis sie glasig werden. Beiseitestellen.

DEN RESTLICHEN ORANGENSAFT, den Gelierzucker, den Zitronensaft und den Campari in einen großen Topf geben und aufkochen. Unter ständigem Rühren 4 Minuten sprudelnd kochen lassen. Die Gelierprobe machen.

DAS HEISSE GELEE randvoll in die sauberen, heiß gespülten Gläser füllen und in jedes Glas eine Orangenscheibe geben. Die Gläser fest verschließen und mehrmals alle 5 Minuten umdrehen, damit die Orangenscheiben nicht zuoberst liegen.

Campari-Orangen-Gelee

Erdbeer-Limetten-Konfitüre

ZUTATEN *(für ca. 6 Gläser à 220 ml Inhalt)*
1 000 g Erdbeeren
2 unbehandelte Limetten
1 000 g Gelierzucker 1:1
4 cl Limoncello

Erdbeer-Limetten-Konfitüre

ZUBEREITUNG

DIE ERDBEEREN waschen, abtropfen lassen, entstielen, in kleine Stücke schneiden und in einen großen, hohen Topf geben. Die Limetten gründlich mit heißem Wasser abwaschen (siehe Info Seite 20), trocken reiben und mit einem Zestenreißer die Schale in dünnen Streifen abziehen. Die Limetten auspressen. Dann 4 EL Limettensaft mit dem Gelierzucker, den in kleine Streifen geschnittenen Limettenschalen und den Erdbeeren vermengen und über Nacht ziehen lassen.

AM NÄCHSTEN TAG die Mischung aufkochen und 4 Minuten sprudelnd kochen lassen. Dabei ständig mit einem langen Holzlöffel umrühren. Dann die Gelierprobe machen. Den Topf von der Kochstelle ziehen. Anschließend den Limoncello dazugeben und umrühren. Die heiße Konfitüre sofort in saubere, heiß ausgespülte Gläser randvoll einfüllen. Diese fest verschließen und 5 Minuten auf den Deckel stellen.

ZUTATEN *(für ca. 6 Gläser à 220 ml Inhalt)*
700 g Erdbeeren
2–3 Orangen (unbeh.)
Saft von 1 kleinen Zitrone
1 000 g Gelierzucker tropic 1 : 1

Erdbeer-Orangen-Konfitüre

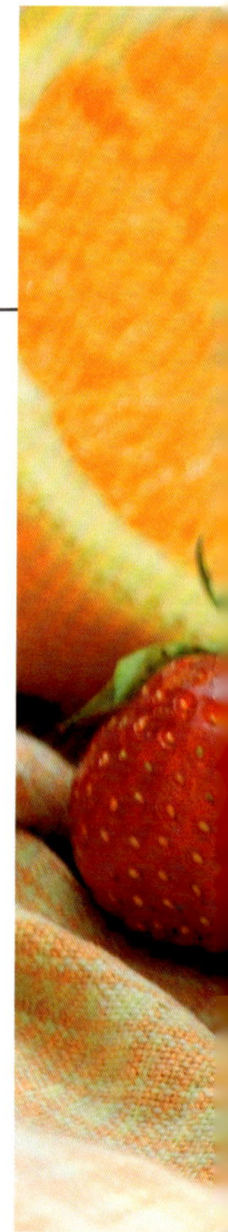

ZUBEREITUNG

DIE ERDBEEREN waschen, entstielen und zerkleinern. Die unbehandelte Orange heiß abwaschen, trocken reiben und mit einem Zestenreißer die Schale in sehr feinen Streifen abziehen. Diese anschließend im Saft der ausgepressten Orangen (300 ml mit Fruchtfleisch) 5 Minuten weich kochen.

DANN ZUSAMMEN mit Erdbeeren, Zitronensaft und Gelierzucker in einen großen, hohen Topf geben und das Ganze 4 Stunden ziehen lassen. Jetzt aufkochen und unter ständigem Rühren 4 Minuten sprudelnd kochen lassen. Die Gelierprobe machen und die heiße Konfitüre randvoll in die sauberen, heiß ausgespülten Gläser füllen. Diese sofort fest verschließen und für 5 Minuten auf den Deckel stellen.

INFO: *Auch unbehandelte Bio-Zitrusfrüchte, deren Schalenabrieb verwendet wird, müssen unbedingt mit heißem Wasser gründlich abgespült werden. Auch wenn diese ungespritzt sind, nehmen die Pflanzen Schadstoffe aus Luft und Boden auf. Damit sind auch Produkte aus biologischem Anbau nicht gänzlich schadstofffrei.*

Erdbeer-Orangen-Konfitüre

Erdbeer-Rhabarber-Konfitüre

ZUTATEN *(für ca. 6 Gläser à 220 ml Inhalt)*
400 g Rhabarber
600 g Erdbeeren
100 ml Wasser
Saft von 1 Zitrone
900 g Zucker (sehr fein)

Erdbeer-Rhabarber-Konfitüre

ZUBEREITUNG

RHABARBER und Erdbeeren waschen, putzen und in kleine Stücke schneiden. In einem großen Topf mit Wasser, Zitronensaft und Zucker mischen. Über Nacht ziehen lassen.

AM NÄCHSTEN TAG das Ganze aufkochen und mindestens 10 Minuten unter ständigem Rühren sprudelnd kochen lassen. Anschließend die Gelierprobe machen (siehe Empfehlung von Seite 8).

DIE HEISSE KONFITÜRE in die sauberen, heiß ausgespülten Gläser randvoll einfüllen. Diese fest verschließen und für 5 Minuten auf den Deckel stellen.

ZUTATEN *(für ca. 6 Gläser à 220 ml Inhalt)*
1 000 g Erdbeeren
800 g Gelierzucker 1:1
Saft von 1 Zitrone
1 Vanilleschote

Erdbeer-Vanille-Konfitüre

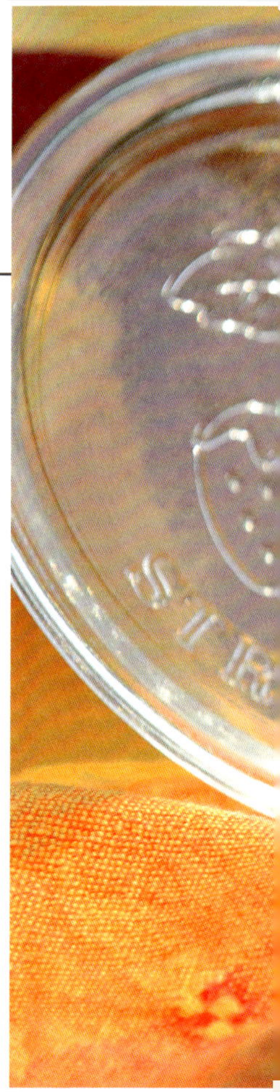

ZUBEREITUNG

DIE ERDBEEREN waschen, putzen, klein schneiden und in einen großen, hohen Topf geben. Mit Gelierzucker und Zitronensaft vermengen. Die Vanilleschote halbieren und jeweils in der Länge aufschlitzen. Mit einem spitzen Messer das Mark herauskratzen. Dann Vanillemark und auch die Schotenhälften zur Erdbeeren-Zucker-Mischung hinzufügen. Das Ganze umrühren und über Nacht ziehen lassen.

AM NÄCHSTEN TAG die Mischung aufkochen und 4–7 Minuten sprudelnd kochen lassen. Dabei ständig mit einem großen Holzlöffel umrühren.

NACH DER GELIERPROBE die Vanilleschote entfernen und die heiße Konfitüre in die sauberen, heiß ausgespülten Gläser randvoll einfüllen. Sofort fest verschließen und für 5 Minuten auf den Deckel stellen.

Erdbeer-Vanille-Konfitüre

Feigenkonfitüre

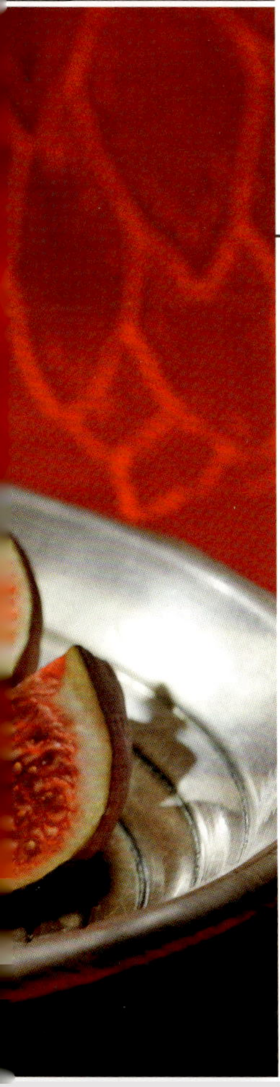

ZUTATEN *(für ca. 6 Gläser à 220 ml Inhalt)*
1 200 g reife Feigen
(vorbereitet abgewogen: 1 000 g netto)
1 000 g Gelierzucker 1:1
Saft von 1 Zitrone
250 ml Kirschwein
Abrieb von 1 unbeh. Orange

Feigenkonfitüre

ZUBEREITUNG

ZUNÄCHST die Feigen abwaschen und trocken reiben. Anschließend von den Stielen befreien und in sehr dünne Scheiben schneiden. Die Feigenscheiben auf 1 000 g abwiegen.

DANN DIE FEIGEN ZUSAMMEN mit Gelierzucker, Zitronensaft, Kirschwein und dem Orangenabrieb in einen großen, hohen Topf geben und einige Stunden ziehen lassen. Anschließend die Masse unter ständigem Rühren aufkochen und eventuell grob pürieren. Dann unter ständigem Rühren 4 Minuten sprudelnd kochen lassen. Die Gelierprobe machen und die heiße Konfitüre in die sauberen, heiß ausgespülten Gläser randvoll einfüllen. Diese fest verschließen und für 5 Minuten auf den Deckel stellen.

ZUTATEN *(für ca. 5 Gläser à 220 ml Inhalt)*
750 g Heidelbeeren
Saft von 1 Zitrone
100 ml Crème de Cassis
(mit oder ohne Alkohol erhältlich)
800 g Gelierzucker 1:1

Heidelbeer-Cassis-Konfitüre

ZUBEREITUNG

DIE HEIDELBEEREN vorsichtig waschen, abtropfen lassen und verlesen. Mit Zitronensaft, Cassis und Gelierzucker in einen großen, hohen Topf geben und über Nacht ziehen lassen. Dann aufkochen und 4 Minuten unter ständigem Rühren sprudelnd kochen lassen. Die Gelierprobe machen.

DIE HEISSE KONFITÜRE in die sauberen, heiß ausgespülten Gläser randvoll einfüllen. Diese fest verschließen und für 5 Minuten auf den Deckel stellen.

Heidelbeer-Cassis-Konfitüre

Heidelbeer-Himbeer-Konfitüre

ZUTATEN *(für ca. 6 Gläser à 220 ml Inhalt)*
500 g Himbeeren
500 g Heidelbeeren
Saft von 1 kleinen Zitrone
1 000 g Gelierzucker 1:1

Heidelbeer-Himbeer-Konfitüre

ZUBEREITUNG

DIE HIMBEEREN verlesen. Die Heidelbeeren vorsichtig waschen, abtropfen lassen und verlesen, dann Himbeeren und Heidelbeeren abwiegen. In dem Zitronensaft kurz aufkochen. Wenn man Kerne in der Konfitüre vermeiden möchte, passiert man die Fruchtmasse anschließend durch ein Sieb.

IM NÄCHSTEN SCHRITT den Gelierzucker zufügen und die Masse 4 Stunden ziehen lassen. Anschließend aufkochen und 4 Minuten unter ständigem Rühren sprudelnd kochen lassen. Die Gelierprobe machen.

DIE HEISSE KONFITÜRE randvoll in die sauberen, heiß ausgespülten Gläser füllen und die Gläser fest verschließen. Anschließend für 5 Minuten auf den Deckel stellen.

ZUTATEN *(für ca. 6 Gläser à 220 ml Inhalt)*
1 000 g Heidelbeeren
Saft von 1 kleinen Zitrone
500 g Gelierzucker 2:1
1 Vanilleschote

Heidelbeer-Vanille-Konfitüre

ZUBEREITUNG

DIE HEIDELBEEREN vorsichtig waschen, abtropfen lassen und verlesen. Dann zusammen mit dem Zitronensaft und Gelierzucker in einen großen, hohen Topf geben. Die Vanilleschote in der Länge aufschlitzen und hinzufügen. Die Masse über Nacht ruhen lassen. Am nächsten Tag aufkochen und unter ständigem Rühren mindestens 3 Minuten sprudelnd kochen lassen. Die Gelierprobe machen. Danach die Vanilleschote entfernen.

DIE HEISSE KONFITÜRE randvoll in die sauberen, heiß ausgespülten Gläser einfüllen. Sofort fest verschließen und für 5 Minuten auf den Deckel stellen.

Heidelbeer-Vanille-Konfitüre

Himbeer-Grapefruit-Konfitüre

ZUTATEN *(für ca. 6 Gläser à 220 ml Inhalt)*
500 g Himbeeren (frisch oder TK)
ca. 4 – 5 Grapefruits
500 g Gelierzucker 2:1

Himbeer-Grapefruit-Konfitüre

ZUBEREITUNG

DIE GRAPEFRUITS auspressen und mit dem Fruchtfleisch 500 ml abmessen. Sorgfältig die Kerne entfernen. Dann zusammen mit den frisch verlesenen oder tiefgefrorenen Himbeeren in einen großen, hohen Topf füllen, den Gelierzucker hinzufügen und die Masse 4 Stunden ziehen lassen. Anschließend aufkochen und mindestens 3 Minuten unter ständigem Umrühren sprudelnd kochen lassen. Die Gelierprobe machen.

DIE HEISSE KONFITÜRE randvoll in die sauberen, heiß ausgespülten Gläser einfüllen. Diese sofort fest verschließen und für 5 Minuten auf den Deckel stellen.

TIPP: *Wenn Sie Himbeerkerne in der Konfitüre vermeiden möchten, kochen Sie die Himbeeren unter Rühren zunächst separat auf und passieren sie dann durch ein Sieb.*

ZUTATEN *(für ca. 6 Gläser à 220 ml Inhalt)*
1 000 g frische oder TK-Himbeeren*
2 unbeh. Limetten
1 000 g Gelierzucker 1:1
4 cl Limoncello

Himbeer-Limetten-Konfitüre

ZUBEREITUNG

DIE FRISCHEN HIMBEEREN verlesen, abwiegen und in einen großen, hohen Topf füllen. Die Limetten heiß abwaschen, trocknen und die Schale fein abreiben. Eine ½ Limette auspressen und den Saft zusammen mit dem Gelierzucker und dem Schalenabrieb zu den Himbeeren geben. Über Nacht ziehen lassen.

DIE LIMETTEN schälen und gründlich von der weißen Haut befreien. Anschließend fein filetieren und beiseitelegen. Die Himbeeren aufkochen und unter ständigem Rühren 3 Minuten sprudelnd kochen lassen. Dann die Limettenfilets hinzufügen und noch 1 Minute mitkochen. Die Gelierprobe machen. Den Topf von der heißen Herdplatte ziehen und den Zitronenlikör unterrühren.

DIE HEISSE KONFITÜRE randvoll in saubere, heiß ausgespülte Gläser füllen. Diese fest verschließen und für 5 Minuten auf den Deckel stellen.

TIPP: *Statt frischer Himbeeren können Sie auch TK-Himbeeren verarbeiten. In diesem Fall empfiehlt es sich, den sich beim Auftauen ergebenden Saft mit zu verarbeiten.*

Himbeer-Limetten-Konfitüre

Holunderbeerengelee

ZUTATEN *(für ca. 6 Gläser à 220 ml Inhalt)*
700 g Holunderbeeren (ohne Dolden)
300 ml weißer Traubensaft
Saft von 1 Zitrone
1 000 g Gelierzucker 1:1
2 cl Rum (nach Belieben)

Holunderbeerengelee

ZUBEREITUNG

DIE HOLUNDERBEEREN von den Dolden streifen, in ein Wasserbad legen und vorsichtig, aber gründlich waschen. Die geforderte Menge abwiegen. Dann die Beeren zusammen mit dem Trauben- und Zitronensaft weich kochen. Ein Mulltuch in ein Sieb legen, die weich gekochten Beeren durchpassieren und den Sud in einem Topf auffangen. Den Gelierzucker hinzufügen, das Ganze aufkochen und unter ständigem Rühren 4 Minuten sprudelnd kochen lassen. Die Gelierprobe machen und den Topf von der heißen Herdplatte ziehen. Nach Belieben und Geschmack den Rum unterrühren.

DAS GELEE heiß in die sauberen, heiß ausgespülten Gläser randvoll einfüllen und diese sofort fest verschließen. Für 5 Minuten auf den Deckel stellen.

ZUTATEN *(für ca. 5 Gläser à 220 ml Inhalt)*
8 – 10 frische Holunderblütendolden
500 ml Apfelsaft
400 ml Sekt
Saft von 1 Zitrone
500 g Gelierzucker 2:1

Holunderblütengelee

ZUBEREITUNG
APFELSAFT, Sekt und Zitronensaft mischen und die Holunderblütendolden über Nacht darin ziehen lassen. Am nächsten Tag durch einen Kaffeefilter oder ein Mulltuch filtern, um kleine Doldenreste aufzufangen und zu entfernen. Den Gelierzucker mit der Flüssigkeit in einen Topf geben und aufkochen. Mindestens 3 Minuten unter ständigem Rühren sprudelnd kochen lassen. Die Gelierprobe machen.

DAS GELEE sofort in saubere, heiß ausgespülte Gläser randvoll einfüllen und diese fest verschließen. Für 5 Minuten auf den Deckel stellen.

Holunderblütengelee

Johannisbeer-marmelade

MIT EARL GREY TEE

ZUTATEN *(für ca. 6 Gläser à 220 ml Inhalt)*
1 000 g Johannisbeeren
1 000 g Gelierzucker tropic 1:1
Saft von 1 kleinen Zitrone
200 ml Wasser, 2 Teebeutel Earl Grey

Johannisbeer-marmelade

MIT EARL GREY TEE

ZUBEREITUNG

DIE JOHANNISBEEREN waschen und von den Rispen zupfen. In einen großen, hohen Topf füllen, den Gelierzucker und Zitronensaft hinzufügen. 200 ml Wasser in einem separaten Topf aufkochen und die Teebeutel 3 Minuten darin ziehen lassen. Dann beiseitestellen.

DIE JOHANNISBEER-ZUCKER-MISCHUNG aufkochen. Dann durch ein Sieb passieren, um die Kerne aufzufangen und zu entfernen. Die Mischung 2 Minuten unter ständigem Rühren sprudelnd kochen lassen. Jetzt den Tee hinzugeben und noch weitere 2 Minuten – ebenfalls unter ständigem Rühren – kochen lassen. Dann die Gelierprobe machen.

DIE HEISSE MARMELADE in saubere, heiß ausgespülte Gläser randvoll einfüllen. Die Gläser sofort fest verschließen und 5 Minuten auf den Deckel stellen.

TIPP: *Dieses Marmeladenrezept klappt auch mit Mandarinen und Limettensaft (900 g Mandarinen, 100 ml Limettensaft). Allerdings ist es sehr aufwändig, die Menge der Mandarinen abzuschälen und von der weißen Haut zu befreien.*

ZUTATEN *(für ca. 2 Gläser à 220 ml Inhalt)*
1 reife Mango (ca. 300 g)
1 Bio-Limette
½ TL frischer gemahlener Ingwer
200 g Gelierzucker zum Kaltrühren

Kalt gerührte Mangomarmelade

ZUBEREITUNG

DIE MANGO SCHÄLEN, entkernen und klein schneiden. Die Limette heiß abwaschen und trocken reiben. Die Schale fein abreiben. Das Mangofruchtfleisch zusammen mit dem Limettenabrieb, dem gemahlenen Ingwer und dem Gelierzucker in einem hohen Gefäß mindestens 45 Sekunden mit einem Pürierstab pürieren.

DIESE MARMELADE hält sich – im Kühlschrank aufbewahrt – nur etwa 2–3 Wochen und sollte möglichst schnell verzehrt werden.

TIPP: *Allergiker sollten bedenken, dass bei kalt gerührter Marmelade die Früchte nicht gekocht werden. Wer z. B. auf frische Erdbeeren allergisch reagiert, muss auch bei einer kalt gerührten Erdbeermarmelade damit rechnen. Gekochte Früchte, wie beispielsweise in Kompott oder Marmelade, werden von Allergikern dagegen gut vertragen.*

Kalt gerührte Mangomarmelade

Kiba-Gelee

ZUTATEN *(für ca. 7 Gläser à 220 ml Inhalt)*
600 ml Bananensaft
600 ml Kirschsaft
500 g Gelierzucker 3:1
4 EL Zitronensaft
1 EL Himbeergeist (nach Belieben)

Kiba-Gelee

ZUBEREITUNG

DEN BANANENSAFT mit der Hälfte des Gelierzuckers und 2 EL Zitronensaft aufkochen. 4 Minuten unter ständigem Rühren sprudelnd kochen lassen. Dann die Gelierprobe machen. Das Bananengelee bis zur Hälfte in die sauberen, heiß ausgespülten Gläser füllen. Mindestens 1 Stunde abkühlen lassen.

DEN KIRSCHSAFT mit dem restlichen Gelierzucker und 2 EL Zitronensaft aufkochen und ebenfalls 4 Minuten unter ständigem Rühren sprudelnd kochen lassen. Die Gelierprobe machen. Von der heißen Herdplatte ziehen. Wer mag, rührt jetzt noch Himbeergeist unter.

DANN VORSICHTIG das Kirschgelee auf das Bananengelee gießen. Die Gläser fest verschließen, aber nicht stürzen, damit sich die Gelees nicht vermischen.

INFO: *Geschichtete Konfitüren, Gelees und Marmeladen sind wegen der Abkühlzeit in den offenen Gläsern nur ca. 3 Monate haltbar.*

ZUTATEN *(für ca. 6 Gläser à 220 ml Inhalt)*
1 200 ml Kirschsaft
Saft von 1 Zitrone
500 g Gelierzucker 3:1
2 Holunderblütendolden

Kirschgelee mit Holunderblüten

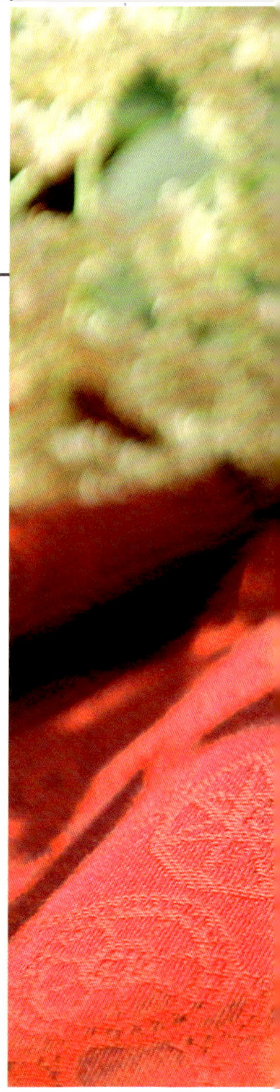

ZUBEREITUNG
KIRSCHSAFT und Zitronensaft mit dem Gelierzucker in einen großen, hohen Topf geben und aufkochen. 4 Minuten sprudelnd kochen lassen, dabei ständig umrühren. In der letzten Minute der Kochzeit die Holunderblüten (vorher von den Dolden abschneiden) unterrühren. Die Gelierprobe machen.

DAS GELEE sofort randvoll in die sauberen, heiß ausgespülten Gläser füllen und diese fest verschließen. Dann für 5 Minuten auf den Deckel stellen.

INFO: *Wegen der Holunderblüten ist das Gelee nur ca. 6 Monate haltbar.*

Kirschgelee mit Holunderblüten

Kirsch-Grapefruit-Konfitüre

ZUTATEN *(für ca. 6 Gläser à 220 ml Inhalt)*
900 g Sauerkirschen (entkernt 750 g)
1–2 rosa Grapefruits (unbehandelt)
1 000 g Gelierzucker 1:1
2 cl Orangenlikör (nach Belieben)

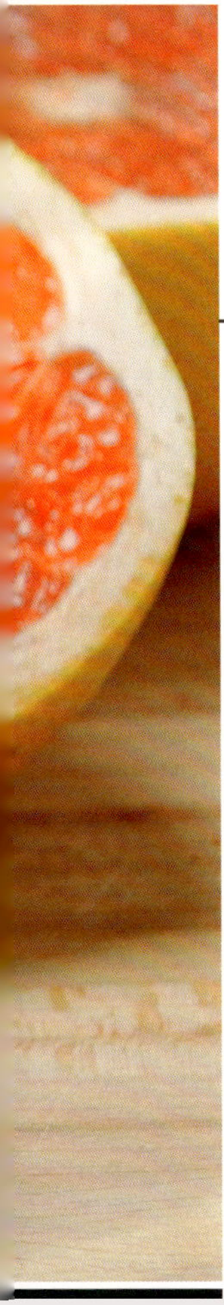

Kirsch-Grapefruit-Konfitüre

ZUBEREITUNG

DIE SAUERKIRSCHEN WASCHEN und entsteinen. Auf 750 g abwiegen. Eine Grapefruit heiß abwaschen, trocken reiben und die Schale mit einem Zestenreißer in dünnen Streifen abziehen. Beide Grapefruits auspressen, 250 ml Saft inklusive Fruchtfleisch abmessen, sorgfältig die Kerne entfernen und die Grapefruitzesten 5 Minuten in diesem Saft kochen. Dann die Kirschen zugeben und mit einem Kartoffelstampfer zerdrücken. Mit dem Gelierzucker vermengen und über Nacht ruhen lassen.

DIE MISCHUNG am nächsten Tag aufkochen und 4 Minuten unter ständigem Rühren sprudelnd kochen lassen. Die Gelierprobe machen. Den Topf von der Herdplatte nehmen und den Orangenlikör unterrühren.

DIE HEISSE KONFITÜRE randvoll in die sauberen, heiß ausgespülten Gläser füllen. Diese sofort fest verschließen und für 5 Minuten auf den Deckel stellen.

TIPP: *Dieses Konfitürenrezept klappt auch sehr gut, wenn Sie statt der Sauerkirschen Himbeeren verarbeiten.*

ZUTATEN *(für ca. 6 Gläser à 220 ml Inhalt)*
800 g Sauerkirschen (entsteint gewogen 600 g)
400 g Heidelbeeren
1 000 g Gelierzucker 1:1
Saft von 1 Zitrone
2 cl Himbeergeist (nach Belieben)

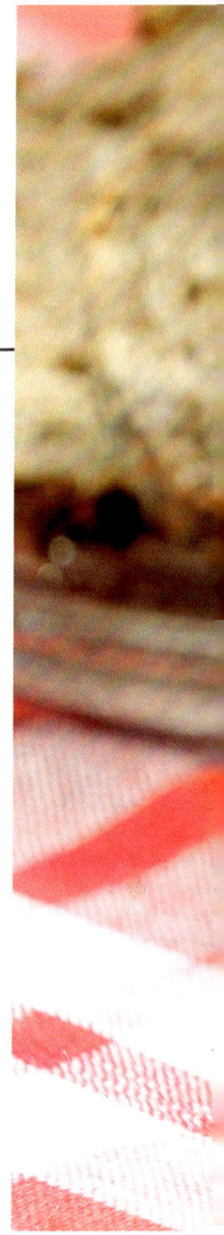

Kirsch-Heidelbeer-Konfitüre

ZUBEREITUNG

DIE SAUERKIRSCHEN WASCHEN, entsteinen und halbieren. 600 g abwiegen. Die Heidelbeeren vorsichtig waschen und abtropfen lassen. Kirschen und Heidelbeeren mit dem Gelierzucker und Zitronensaft in einen großen, hohen Topf geben, mit einem Kartoffelstampfer zerdrücken oder pürieren, umrühren und über Nacht ziehen lassen.

AM NÄCHSTEN TAG unter ständigem Rühren aufkochen und sprudelnd 4 Minuten kochen lassen. Währenddessen immer weiterrühren. Die Gelierprobe machen und den Topf von der heißen Herdplatte ziehen. Den Himbeergeist unterrühren. Die heiße Konfitüre randvoll in die sauberen, heiß ausgespülten Gläser füllen. Diese fest verschließen und für 5 Minuten auf den Deckel stellen.

TIPP: *Große Mengen auf Vorrat kochen? Lieber nicht. Konfitüren kocht man besser in kleineren Portionen (1 000 g Früchte). Der Grund: Bei einer größeren Menge geliert die Masse nicht ausreichend, da im Verhältnis zu wenig Wasser verdampft. Die Kochzeit verlängert sich, und dadurch kann das enthaltene Pektin seine Wirkung verlieren. Ergebnis: Die Konfitüre wird nicht fest.*

Kirsch-Heidelbeer-Konfitüre

Kirschkonfitüre mit Rotwein

ZUTATEN *(für ca. 6 Gläser à 220 ml Inhalt)*
900 g Sauerkirschen (entsteint gewogen 750 g)
200 ml milder Rotwein
Saft von 2 Zitronen
300 g brauner Zucker
1 Päckchen Gelierfix 2:1 (25 g)
250 ml Honig

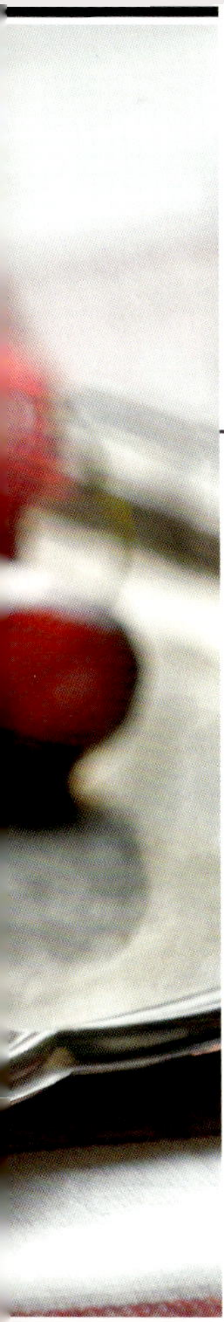

Kirschkonfitüre mit Rotwein

ZUBEREITUNG
DIE KIRSCHEN WASCHEN, entsteinen, klein schneiden und 750 g abwiegen. Zusammen mit dem Wein und Zitronensaft in einen großen, hohen Topf geben. Mit einem Kartoffelstampfer zerdrücken. Den braunen Zucker mit Gelierfix mischen und hinzugeben. Die Masse gut umrühren. Dann den Honig einrühren und das Ganze mindestens 4 Stunden ziehen lassen. Anschließend unter ständigem Rühren aufkochen und 10 Minuten sprudelnd kochen lassen. Währenddessen ständig weiterrühren. Die Gelierprobe machen und die heiße Konfitüre randvoll in die sauberen, heiß ausgespülten Gläser füllen. Diese direkt fest verschließen.

TIPP: *Viele Freunde und Verwandte freuen sich über ein Mitbringsel wie selbst gemachte Konfitüre. Damit das kleine Präsent nicht nur gut schmeckt, sondern auch optisch etwas hermacht, kann man es auf vielfache Weise verschönern. Mit bunten Servietten, Bändern, Perlen und themenbezogenen Accessoires wie z. B. kleinen Kirschen oder Erdbeeren (Naturmaterialien bzw. Kunststoff) lässt sich das Glas wunderbar dekorieren.*

ZUTATEN *(für ca. 6 Gläser à 220 ml Inhalt)*
900 g Sauerkirschen (entsteint gewogen 750 g)
1 000 g Gelierzucker 1:1
2 EL Zitronensaft
250 ml roter Sekt (halbtrocken)

Kirschkonfitüre mit Sekt

ZUBEREITUNG

DIE KIRSCHEN WASCHEN, entsteinen und halbieren. 750 g abwiegen. Die Hälfte der Früchte pürieren, die andere Hälfte klein schneiden. Mit dem Gelierzucker, Zitronensaft und Sekt in einen großen, hohen Topf geben und über Nacht ziehen lassen.

AM NÄCHSTEN TAG aufkochen und unter ständigem Rühren 4 Minuten sprudelnd kochen lassen. Die Gelierprobe machen. Dann die heiße Konfitüre randvoll in die sauberen, heiß ausgespülten Gläser füllen. Diese fest verschließen.

TIPP: *Auch mit Himbeeren oder Erdbeeren ist diese Konfitüre richtig lecker.*

Kirschkonfitüre mit Sekt

Kiwikonfitüre

ZUTATEN *(für ca. 6 Gläser à 220 ml Inhalt)*
1 300 g frische Kiwi (1 000 g geschält gewogen)
Saft von 2 Zitronen
1 000 g Gelierzucker tropic 1:1
4 cl Orangenlikör (nach Belieben)

Kiwikonfitüre

ZUBEREITUNG

DIE KIWIS SCHÄLEN und das Fruchtfleisch klein schneiden. Auf 1 000 g abwiegen. Dann in einen großen, hohen Topf geben und mit einem Kartoffelstampfer zerdrücken. Den Zitronensaft zugeben. Dann den Gelierzucker hinzufügen und die Mischung 4 Stunden ziehen lassen. Anschließend aufkochen und 4 Minuten sprudelnd kochen lassen, währenddessen ständig mit einem langen Holzlöffel umrühren. Dann die Gelierprobe machen.

DEN TOPF von der Herdplatte ziehen und den Orangenlikör einrühren. Die heiße Konfitüre randvoll in saubere, heiß ausgespülte Gläser füllen. Fest verschließen und für 5 Minuten auf den Deckel stellen.

ZUTATEN *(für ca. 6 Gläser à 220 ml Inhalt)*
400 g saure Äpfel (4–5, z. B. Boskop)
Saft von 1 Zitrone
600 g Kürbisfruchtfleisch (z. B. 1 kleiner Butternuss)
250 ml Wasser
½ TL Zimt
500 g Gelierzucker 2:1
4 cl Mandellikör (nach Belieben)

Kürbis-Apfel-Konfitüre

ZUBEREITUNG
DIE ÄPFEL SCHÄLEN, vom Kerngehäuse befreien und fein raspeln. Abwiegen und in einem großen, hohen Topf mit dem Zitronensaft mischen. Den Kürbis schälen, aufschneiden, Kerne entfernen, das Fruchtfleisch ebenfalls fein raspeln und abwiegen. Dann zu den Äpfeln geben, Wasser hinzugeben und die Apfel-Kürbis-Mischung weich kochen. Anschließend kurz grob pürieren und abkühlen lassen.

IM NÄCHSTEN SCHRITT Zimt und Gelierzucker zufügen und aufkochen. Unter ständigem Rühren mindestens 3 Minuten sprudelnd kochen lassen. Die Gelierprobe machen. Den Topf von der heißen Herdplatte ziehen und den Mandellikör unterrühren.

DIE HEISSE KONFITÜRE randvoll in die sauberen, heiß ausgespülten Gläser füllen und diese fest verschließen. Für 5 Minuten auf den Deckel stellen.

TIPP: *Durch Zugabe von Gewürzen, frischen Kräutern, Nüssen oder Blüten lässt sich das Aroma von Marmeladen bzw. Konfitüren wunderbar variieren und verfeinern. Dabei werden Gewürze wie z.B. Zimt direkt zu Beginn der Kochzeit, frische Kräuter, gehackte Nüsse und Blüten dagegen erst in der letzten Minute vor Ende der Kochzeit hinzugefügt.*

Kürbis-Apfel-Konfitüre

Kürbis-Orangen-Marmelade

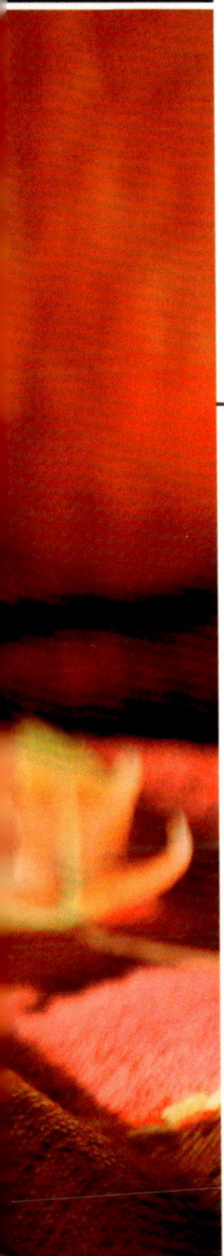

ZUTATEN *(für ca. 6 Gläser à 220 ml Inhalt)*
600 g Kürbis (z. B. 1 kleiner Hokkaido)
400 ml Orangensaft mit Fruchtfleisch (Handelsware oder frisch gepresst von 4 Orangen)
Abrieb und Saft von 1 unbeh. Zitrone
1 000 g Gelierzucker 1:1
2 cl Orangenlikör (nach Belieben)

Kürbis-Orangen-Marmelade

ZUBEREITUNG

DEN KÜRBIS aufschneiden, schälen und entkernen. Das Kürbisfruchtfleisch fein raspeln und abwiegen. Mit Orangensaft und -fruchtfleisch in einen großen, hohen Topf geben. Die Masse weich kochen, dabei ab und zu umrühren. Anschließend pürieren und durch ein Sieb passieren.

DIE ZITRONE heiß abwaschen, trocknen und die Schale abreiben. Die Zitronen auspressen. Dann den Zitronensaft mit dem Gelierzucker zur Kürbis-Orangen-Masse geben. Alles aufkochen und 4 Minuten sprudelnd kochen lassen. Währenddessen ständig umrühren. Die Gelierprobe machen und den Topf von der heißen Herdplatte ziehen. Den Orangenlikör unterrühren.

DIE HEISSE MARMELADE randvoll in die sauberen, heiß ausgespülten Gläser füllen und fest verschließen. Für 5 Minuten auf den Deckel stellen.

ZUTATEN *(für ca. 5 Gläser à 220 ml Inhalt)*
800 g frische Mirabellen (entsteint gewogen 700 g)
300 ml Orangensaft mit Fruchtfleisch
(frisch gepresst von 2 Orangen oder Handelsware)
Schale von 1 unbeh. Orange
500 g Gelierzucker 2:1
Saft von 1 Zitrone
2 EL Mirabellenbrand (nach Belieben)

Mirabellenkonfitüre

ZUBEREITUNG

DIE MIRABELLEN waschen, entsteinen und auf 700 g abwiegen. Die Orange heiß abwaschen und die Schale mit einem Zestenreißer in dünnen Streifen abziehen. Die Orange auspressen und mit Orangensaft mit Fruchtfleisch 300 ml abmessen.

DANN DIE MIRABELLEN, die Orangenzesten und den Orangensaft zusammen mit dem Gelierzucker und dem Zitronensaft in einen großen, hohen Topf geben und einige Stunden ziehen lassen. Anschließend aufkochen und unter ständigem Rühren mindestens 3 Minuten sprudelnd kochen lassen. Nach der Gelierprobe von der heißen Herdplatte ziehen und den Mirabellenbrand unterrühren.

DIE HEISSE KONFITÜRE randvoll in die sauberen, heiß ausgespülten Gläser füllen. Diese fest verschließen und für 5 Minuten auf den Deckel stellen.

Mirabellenkonfitüre

Nektarinen-Maracuja-Marmelade

ZUTATEN *(für ca. 5 Gläser à 220 ml Inhalt)*
800 g Nektarinen (entsteint gewogen 500 g)
500 ml Maracujasaft
Saft von 1 Zitrone
500 g sehr feiner Zucker
1 Päckchen Gelierfix 2:1 (25 g)

Nektarinen-Maracuja-Marmelade

ZUBEREITUNG

DIE NEKTARINEN waschen, entsteinen und klein schneiden. 500 g abwiegen. In 100 ml Maracujasaft und dem Zitronensaft weich kochen. Dabei gelegentlich umrühren. Das Nektarinenfruchtfleisch durch ein Sieb passieren und noch einmal abwiegen. Gegebenenfalls mit Maracujasaft auf 500 g auffüllen. Dann mit dem restlichen Maracujasaft, Zucker und Gelierfix aufkochen und mindestens 3 Minuten sprudelnd kochen lassen. Währenddessen ständig umrühren. Die Gelierprobe machen.

DIE HEISSE MARMELADE randvoll in die sauberen, heiß ausgespülten Gläser füllen. Die Gläser fest verschließen und für 5 Minuten auf den Deckel stellen.

ZUTATEN *(für ca. 6 Gläser à. 220 ml Inhalt)*
ca. 1 500 g Orangen, davon 3 unbeh.
5 Holunderblütendolden
1 000 g Gelierzucker 1:1
2 cl Orangenlikör (nach Belieben)

Orangen-Holunderblüten-Marmelade

ZUBEREITUNG

DIE UNBEHANDELTEN Orangen heiß abwaschen, trocken reiben und mit einem Zestenreißer die Schale in feinen Streifen abziehen. Die Holunderblütendolden vorsichtig waschen, dann die Blüten von den Dolden zupfen – oder schneiden – und beiseitelegen.

ALLE ORANGEN auspressen und den Saft mit Fruchtfleisch auf 1 000 ml abmessen. Mit Gelierzucker und den Orangenzesten in einen Topf geben und aufkochen. Dann 3 Minuten unter ständigem Rühren sprudelnd kochen lassen. Die Holunderblüten zufügen und noch 1 weitere Minute kochen lassen. Die Gelierprobe machen, evtl. Orangenlikör unterrühren. Die heiße Marmelade danach in die sorgfältig ausgespülten Gläser randvoll einfüllen. Die Gläser fest verschließen und mehrmals für 5 Minuten auf den Kopf stellen, damit sich die Holunderblüten gleichmäßig verteilen.

Orangen-Holunderblüten-Marmelade

INFO: *Wegen der Holunderblüten verkürzt sich die Haltbarkeit der Marmelade auf ca. 6 Monate.*

Pfirsich-Orangen-Marmelade

ZUTATEN *(für ca. 5 Gläser à 220 ml Inhalt)*
700 g Pfirsiche (entsteint gewogen 520 g)
ca. 3 unbeh. Orangen
350 g Gelierzucker 3:1
175 ml Pfirsichlikör (18 % Alkohol)

Pfirsich-Orangen-Marmelade

ZUBEREITUNG

DIE PFIRSICHE kurz in heißes Wasser legen, dann abschrecken und häuten. Die Früchte entsteinen und das Fruchtfleisch klein schneiden. 520 g abwiegen, in einen großen, hohen Topf geben und pürieren.

DIE ORANGEN heiß abwaschen und trocken reiben. Mit einem Zestenreißer jeweils die Schale in sehr feinen Streifen abziehen und zum Pfirsichpüree geben. Dann die Orangen auspressen und 350 ml Saft mit dem beim Auspressen anfallenden Fruchtfleisch abmessen. Die Pfirsich-Orangen-Mischung zusammen mit Gelierzucker und Pfirsichlikör aufkochen. Mindestens 3 Minuten sprudelnd kochen lassen. Währenddessen ständig umrühren. Die Gelierprobe machen.

DIE HEISSE MARMELADE randvoll in die sauberen, heiß ausgespülten Gläser füllen. Diese fest verschließen. und für 5 Minuten auf den Deckel stellen.

ZUTATEN *(für ca. 6 Gläser à 220 ml Inhalt)*
ca. 8 rosa Grapefruits, davon 2 unbeh.
1 unbeh. Zitrone
1 000 g Gelierzucker tropic 1:1
1 cl Orangenlikör (nach Belieben)

Pink-Grapefruit-Marmelade

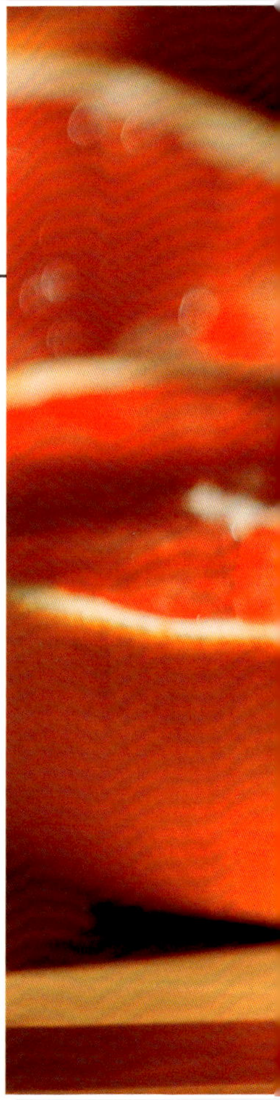

ZUBEREITUNG

ZUNÄCHST 2 GRAPEFRUITS und die Zitrone heiß abwaschen und trocken reiben. Mit einem Zestenreißer die Schalen in sehr feinen Streifen abziehen. Dann alle Grapefruits und die Zitrone auspressen und 1 000 ml Saft mit dem beim Auspressen anfallenden Fruchtfleisch abmessen. Sorgfältig die Kerne entfernen. Die Zesten mit 200 ml von dem gepressten Saft etwa 5 Minuten weich kochen.

DANN DEN RESTLICHEN SAFT mit dem Fruchtfleisch (800 ml) zusammen mit dem Gelierzucker aufkochen. 4 Minuten sprudelnd kochen lassen, dabei ständig umrühren. Die Gelierprobe machen. Von der heißen Herdplatte ziehen und den Orangenlikör unterrühren.

DIE HEISSE MARMELADE randvoll in die sauberen, heiß ausgespülten Gläser füllen. Diese fest verschließen und für 5 Minuten auf den Deckel stellen.

Pink-Grapefruit-Marmelade

Rhabarberkonfitüre

ZUTATEN *(für ca. 5 Gläser à 220 ml Inhalt)*
1 000 g Rhabarber, geputzt
100 ml Wasser
900 g sehr feiner Zucker
Saft von 1 Zitrone

Rhabarberkonfitüre

ZUBEREITUNG

DEN RHABARBER waschen, die Enden abschneiden und die Stangen dann in kleine Würfel schneiden. Mit Wasser, Zucker und Zitronensaft vermengen und über Nacht ziehen lassen.

AM NÄCHSTEN TAG die Masse aufkochen und ca. 10 Minuten unter ständigem Rühren sprudelnd kochen lassen. Die Gelierprobe machen.

DIE HEISSE KONFITÜRE randvoll in die sauberen, heiß ausgespülten Gläser füllen. Diese sofort fest verschließen und für ca. 5 Minuten auf den Deckel stellen.

Rhabarber-Grapefruit-Konfitüre

ZUTATEN *(für ca. 6 Gläser à 220 ml Inhalt)*
800 g Rhabarber (geputzt 700 g)
2–3 Grapefruits
1 000 g Gelierzucker 1:1
Saft von 1 Zitrone

Rhabarber-Grapefruit-Konfitüre

ZUBEREITUNG

DEN RHABARBER waschen, die Enden abschneiden, und die Stangen in kleine Würfel schneiden. 700 g abwiegen. Die Grapefruits auspressen, 300 ml Saft samt Fruchtfleisch aus der Zitruspresse abmessen und zusammen mit den Rhabarberwürfeln in einen großen Topf geben. Gelierzucker und den Zitronensaft unterrühren. Die Mischung über Nacht ziehen lassen.

AM NÄCHSTEN TAG die Fruchtmasse aufkochen und 4 Minuten unter ständigem Rühren sprudelnd kochen lassen. Währenddessen ständig umrühren. Die Gelierprobe machen.

DIE HEISSE KONFITÜRE randvoll in die sauberen, heiß ausgespülten Gläser füllen und diese fest verschließen. Anschließend für ca. 5 Minuten auf den Deckel stellen.

ZUTATEN *(für ca. 6 Gläser à 220 ml Inhalt)*
700 g Rhabarber (600 g netto)
400 g Himbeeren
Saft von 1 Zitrone
900 g sehr feiner Zucker

Rhabarber-Himbeer-Konfitüre

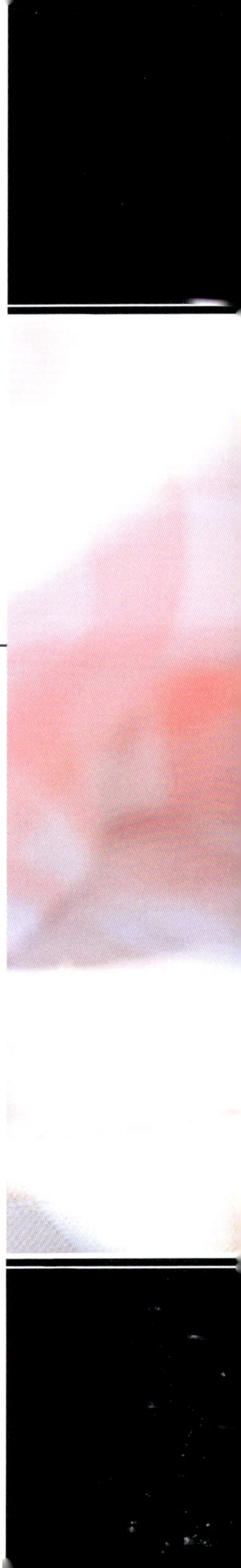

ZUBEREITUNG

DEN RHABARBER waschen, die Enden abschneiden und die Stangen in kleine Würfel schneiden. Die erforderliche Menge von 600 g abwiegen. Die Himbeeren verlesen und abwiegen.

RHABARBER UND HIMBEEREN zusammen mit Zitronensaft und Zucker in einen großen, hohen Topf geben. Umrühren und über Nacht ziehen lassen. Am nächsten Tag aufkochen und unter ständigem Rühren ca. 10 Minuten sprudelnd kochen lassen. Die Gelierprobe machen.

DIE HEISSE KONFITÜRE randvoll in die sauberen, heiß ausgespülten Gläser füllen und fest verschließen. Für ca. 5 Minuten auf den Deckel stellen.

Rhabarber-Himbeer-Konfitüre

Rote Grütze-Konfitüre

ZUTATEN *(für ca. 6 Gläser à 220 ml Inhalt)*
500 g Erdbeeren
400 g gemischte Beeren (Johannisbeeren, Himbeeren, Brombeeren, Heidelbeeren)
100 g Sauerkirschen (entsteint gewogen) oder
500 g TK-Beerenmischung
Saft von 1 Zitrone
150 ml Crème de Cassis
(wahlweise mit oder ohne Alkohol)
100 ml Wasser
1 000 g Gelierzucker 1:1

Rote-Grütze-Konfitüre

ZUBEREITUNG

DIE ERDBEEREN waschen und klein schneiden. Die gemischten Beeren verlesen und mit den Erdbeeren und den entsteinten Kirschen in einen großen, hohen Topf geben und mit einem Kartoffelstampfer zerdrücken. Zitronensaft, Crème de Cassis, Wasser und Gelierzucker hinzufügen, alles gut umrühren und über Nacht ziehen lassen.

AM NÄCHSTEN TAG die Fruchtmischung aufkochen und unter ständigem Rühren 4 Minuten sprudelnd kochen lassen. Die Gelierprobe machen. Zum Schluss die heiße Konfitüre randvoll in die sauberen, heiß ausgespülten Gläser füllen. Diese sofort fest verschließen und für ca. 5 Minuten auf den Deckel stellen.

ZUTATEN *(für ca. 6 Gläser à 220 ml Inhalt)*

FÜR DIE ORANGENMARMELADE:
500 g Orangen (ca. 4 Früchte, davon 2 unbeh.)
500 g Gelierzucker tropic 1:1
2 cl Orangenlikör (nach Belieben)

FÜR DIE ERDBEERKONFITÜRE:
500 g Erdbeeren, Saft von ½ Zitrone, 500 g Gelierzucker tropic 1:1
2 cl Orangenlikör (nach Belieben)

Schichtkonfitüre Erdbeer-Orange

ZUBEREITUNG

DIE ERDBEEREN waschen, verlesen, klein schneiden und mit dem Zitronensaft und dem Gelierzucker in einen Topf geben. Die Hälfte der Erdbeeren grob pürieren. Während die Orangenmarmelade zubereitet wird, ruhen lassen.

FÜR DIE ORANGENMARMELADE die beiden unbehandelten Orangen heiß abwaschen und trocken reiben. Mit dem Zestenreißer die Schale in feinen Streifen abziehen. Alle Orangen auspressen und mit dem beim Auspressen anfallenden Fruchtfleisch 500 ml abmessen. Die Orangenzesten 5 Minuten in 200 ml Orangensaft weich kochen. Dann den restlichen Saft und den Gelierzucker zugeben, aufkochen und 4 Minuten unter ständigem Rühren kochen lassen. Die Gelierprobe machen und den Topf von der heißen Herdplatte ziehen. Den Orangenlikör hinzufügen, nochmals umrühren und die sauberen, heiß ausgespülten Gläser bis zur Hälfte mit der Marmelade befüllen. Die Gläser nicht verschließen und offen mindestens 1 Stunde abkühlen lassen.

DIE ERDBEEREN aufkochen und 4 Minuten sprudelnd kochen lassen. Dabei ständig umrühren. Die Gelierprobe machen. Den Topf von der heißen Herdplatte ziehen. Den Orangenlikör zufügen, nochmals umrühren und vorsichtig auf die abgekühlte Orangenmarmelade in die Gläser gießen. Jetzt die Gläser fest verschließen. Nicht stürzen.

Schichtkonfitüre Erdbeer-Orange

INFO: *Wegen der Abkühlzeit im offenen Glas sind Schichtkonfitüren nur 3 Monate haltbar.*

Stachelbeerkonfitüre

ZUTATEN *(für ca. 6 Gläser à 220 ml Inhalt)*
1 000 g reife Stachelbeeren
(rot oder grün)
800 g sehr feiner Zucker
2 EL Zitronensaft

Stachelbeer-konfitüre

ZUBEREITUNG

DIE STACHELBEEREN waschen, halbieren und die Stiele entfernen. Mit dem Zucker und Zitronensaft verrühren und über Nacht ziehen lassen. Am nächsten Tag aufkochen und ca. 10 Minuten sprudelnd kochen lassen. Dabei ständig umrühren. Die Gelierprobe machen.

DIE HEISSE KONFITÜRE randvoll in die sauberen, heiß ausgespülten Gläser füllen. Diese fest verschließen und für 5 Minuten auf den Deckel stellen.

ZUTATEN *(für ca. 6 Gläser à 220 ml Inhalt)*
800 g reife Stachelbeeren
1 000 g Gelierzucker 1:1
2 EL Zitronensaft
100 ml Waldmeistersirup
100 ml Apfelsaft

Stachelbeer-Waldmeister-Konfitüre

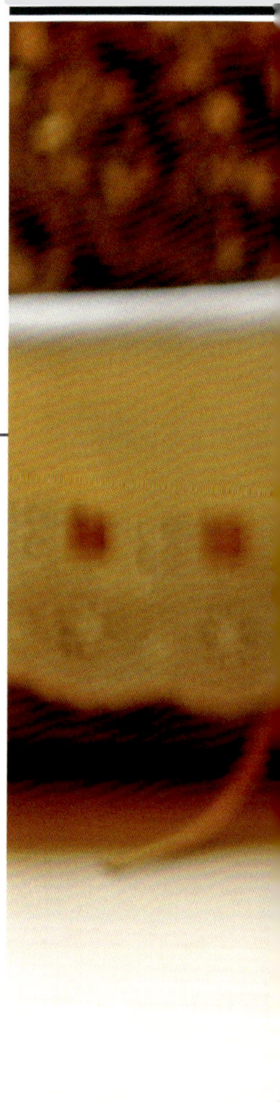

ZUBEREITUNG

DIE STACHELBEEREN waschen, halbieren und die Stiele entfernen. Mit Gelierzucker, Zitronensaft, Waldmeistersirup und Apfelsaft vermengen. Über Nacht ziehen lassen.

DIE MISCHUNG am nächsten Tag aufkochen und 4 Minuten sprudelnd kochen lassen. Dabei ständig umrühren. Die heiße Konfitüre randvoll in die sauberen, heiß ausgespülten Gläser füllen. Diese sofort fest verschließen und für 5 Minuten auf den Deckel stellen.

Stachelbeer-Waldmeister-Konfitüre

Weihnachtliche Pflaumenkonfitüre

TIPP: *Auch wenn man auf die Walnüsse verzichtet, schmeckt diese Konfitüre wunderbar weihnachtlich.*

INFO: *Durch die Walnüsse und die Gewürze verkürzt sich die Haltbarkeit der Konfitüre auf ca. 6 Monate.*

ZUTATEN *(für ca. 7 Gläser à 220 ml Inhalt)*
1 200 g Pflaumen (entsteint gewogen 1 000 g)
Saft von 1 Zitrone
2 unbeh. Orangen
60 g Marzipan
½ TL Zimt
½ TL Lebkuchengewürz
2 EL gehackte Walnüsse
1 000 g Gelierzucker 1:1

Weihnachtliche Pflaumenkonfitüre

ZUBEREITUNG

DIE PFLAUMEN waschen, entsteinen. 1 000 g abwiegen und mit Zitronensaft vermengen. Die Orangen heiß abwaschen und trocknen. Die Schale fein abreiben und zu den Pflaumen geben. Dann die Orangen auspressen und 200 ml Saft mit Fruchtfleisch abmessen.

PFLAUMEN, MARZIPAN, ZIMT und Lebkuchengewürz mit dem Orangensaft in einen großen, hohen Topf geben und grob pürieren. Gelierzucker hinzufügen, umrühren und die Mischung 1 Stunde ziehen lassen. Dann aufkochen und 3 Minuten sprudelnd kochen lassen, dabei ständig umrühren. Die gehackten Walnüsse einrühren und alles 1 Minute weiterkochen lassen. Die Gelierprobe machen.

DIE HEISSE KONFITÜRE randvoll in die sauberen, heiß ausgespülten Gläser füllen, diese fest verschließen und für 5 Minuten auf den Deckel stellen.

Schnupper-Rezept

Kleine Schokoküchlein

MIT FLÜSSIGEM KERN

ZUTATEN

(für 6 Personen)
300 g Bitterschokolade
150 g Butter
150 g feiner Kristallzucker
75 g Mehl
4 Eier

ZUBEREITUNG

DIE SCHOKOLADE und Butter im Wasserbad oder in der Mikrowelle schmelzen. Unter Rühren den Zucker, die verquirlten Eier und zum Schluss das Mehl durch ein Sieb dazugeben und zu einem glatten Teig verrühren. Anschließend den Teig in Silikon- oder mit Butter gefettete und bemehlte feuerfeste Backförmchen gießen. Anschließend eine Stunde kalt stellen.

DANN FÜR ACHT MINUTEN bei 210 °C im vorgeheizten Backofen backen. Die Törtchen wieder herausnehmen, zehn Minuten abkühlen lassen, dann aus den Backformen lösen und direkt verzehren.

Kleine Schokoküchlein

MIT FLÜSSIGEM KERN

Schokoladen-Rezepte der „Leckere …"-Erfolgsreihe.

Schnupper-Rezept

Erdbeer-Holunder-Cocktail

ZUTATEN *(für 6 Portionen)*

150 g Kristallzucker
75 ml Wasser
3 unbeh. Zitronen
2 Msp. Vanillezucker
375 g Erdbeeren
100 ml Holunderblütensirup
Trockener Sekt

ZUBEREITUNG

DEN KRISTALLZUCKER zusammen mit Wasser in einen kleinen Topf geben und köcheln, bis der Zucker sich aufgelöst hat. Die Zitronen auspressen und ihren Saft mit dem Vanillezucker verrühren. Die Erdbeeren waschen, putzen und vierteln. Dann mit dem Zitronensirup übergießen und 1 Stunde kühl stellen.

DIE ERDBEEREN in die Gläser verteilen. Den Holunderblütensirup darauf verteilen und mit Sekt auffüllen.

TIPP: *Wer diesen Cocktail lieber antialkoholisch genießen möchte, nimmt statt Sekt Mineralwasser.*

Erdbeer-Holunder-Cocktail

ALKOHOLISCH

Erdbeer-Zaubereien der „Leckere…"-Erfolgsreihe.

LV·Buch
im Landwirtschaftsverlag GmbH,
48084 Münster

3. Auflage 2012

Impressum

FOTOS:
Merle Cramer, Münster
(außer Seite 3)

LEKTORAT:
Sabine Deing-Westphal, Rhede

GESTALTUNG:
Monika Wagenhäuser, LV·Buch

DRUCK:
Griebsch & Rochol Druck GmbH & Co. KG,
Hamm

ISBN 978-3-7843-5126-1